QIN SHI HUANG BIOGRAPHY

秦始皇传

中国历史名人传记

QING QING JIANG

江清清

PREFACE

I am excited to welcome you to the Chinese Biography series. In this series, we will discover lives of some of the most famous people from Chinese history. Each book will introduce a famous Chinese personality whose contributions were immense to shape China's future. The books in Biography series contain numerous lessons in Mandarin Chinese. We start with a brief introduction of the book in the preface (前言), a bit detailed introduction to the person, and continue to dig his life and relevant issues. Each book contains 6 to 10 chapters made of simple Chinese sentences. For the readers' convenience, a comprehensive vocabulary has been provided at the beginning of each chapter. The pinyin for the Chinese text is provided after the main text. Further, to enforce a deeper Chinese learning, the English interpretation of the Chinese text has been purposely excluded from the books. This would help the readers think deeply about the contents the way native Chinese do! In order to help the students of Mandarin Chinese remember important characters, words, long words, idioms, etc., these entities have been purposely repeated throughout the book, and across the books in the series. Taken together, the books in Biography series will tremendously help readers improve their Chinese reading skills.

If you have any questions, suggestions, and feedbacks, feel free to let me know in the review or comments.

You can find more about China and Chinese culture on my blog and Amazon homepage.

I blog at:

www.QuoraChinese.com

-Qing Qing

江清清

©2022 Qing Qing Jiang

All rights reserved.

MOST FAMOUS & TOP INFLUENTIAL PEOPLE IN CHINESE HISTORY

SELF-LEARN READING MANDARIN CHINESE, VOCABULARY, EASY SENTENCES, HSK ALL LEVELS

(PINYIN, SIMPLIFIED CHARACTERS)

ACKNOWLEDGMENTS

I am a blogger. It has been a long and interesting journey since I started blogging quite a few years ago.

The blogging passion enabled me to write useful contents. In particular, I have been writing about China, and its culture.

My passion in writing was supported by my friends, colleagues, and most importantly, the almighty.

I thank everyone for constantly inspiring me in my life endeavours.

CONTENTS

PREFACE 2
ACKNOWLEDGMENTS 4
CONTENTS 5
LIFE (人物生平) 8
LIFE EXPERIENCES (身世) 12
MERITS AND ACHIEVEMENTS (功绩) 17
TYRANNICAL RULE (暴政) 22
THE TERRACOTTA ARMY (兵马俑) 27
ELIXIR OF LIFE (求不老药) 33
REASON OF NO EMPRESS (不立后的缘故) 38

前言

你们知道秦始皇这一称号是怎么来的吗？这其实是秦王嬴政在建立秦朝后给自己取的名字。当初秦国灭了六国后，秦王觉得自己功绩无人能比，甚至比三皇五帝还要厉害，如果不改自己的名号，难以显示出自己功德。于是召集群臣商量改帝号的事情，最后从"三皇五帝"当中提取"皇帝"二字出来，由此才能彰显他的权威，所以嬴政将最高统治者的称号由之前的"王"改为现在的"皇帝"，再加上自己是第一任皇帝，所以就是始皇帝，秦始皇的称号也由此而来。秦始皇希望自己的子孙能一直将自己打造出来的丰功伟业延绵下去，传承千世万世，但让他没想到的是秦朝只存在了三世便灭亡了，好好的一副牌可惜打烂了。我们经常说秦始皇是一个暴君，但是我们也不能忽视他的功绩，下面我们仔细介绍一下这位秦始皇吧。

Nǐmen zhīdào qínshǐhuáng zhè yī chēnghào shì zěnme lái de ma? Zhè qíshí shì qínwáng yíng zhèng zài jiànlì qín cháo hòu jǐ zìjǐ qǔ de míngzì. Dāngchū qín guó mièle liù guó hòu, qínwáng juédé zìjǐ gōngjī wú rén néng bǐ, shènzhì bǐ sānhuángwǔdì hái yào lìhài, rúguǒ bù gǎi zìjǐ de míng hào, nányǐ xiǎnshì chū zìjǐ gōngdé. Yúshì zhàojí qún chén shāngliáng gǎi dì hào de shìqíng, zuìhòu cóng "sānhuángwǔdì" dāngzhōng tíqǔ "huángdì" èr zì chūlái, yóu cǐ cáinéng zhāngxiǎn tā de quánwēi, suǒyǐ yíng zhèng jiāng zuìgāo tǒngzhì zhě de chēnghào yóu zhīqián de "wáng" gǎi wèi xiànzài de "huángdì", zài jiā shàng zìjǐ shì dì yī rèn huángdì, suǒyǐ jiùshì shǐhuángdì, qínshǐhuáng de chēnghào yě yóu cǐ ér lái. Qínshǐhuáng xīwàng zìjǐ de zǐsūn néng yīzhí jiāng zìjǐ dǎzào chūlái de fēng gōng wěiyè yánmián xiàqù, chuánchéng qiānshì wànshì, dàn ràng tā méi xiǎngdào de shì qín cháo zhǐ cúnzàile sānshì biàn mièwángle, hǎohǎo de yī fù pái kěxí dǎ lànle. Wǒmen jīngcháng shuō qínshǐhuáng shì yīgè bàojūn, dànshì wǒmen yě bùnéng hūshì tā de gōngjī, xiàmiàn wǒmen zǐxì jièshào yīxià zhè wèi qínshǐhuáng ba.

LIFE (人物生平)

Qin Shi Huang (秦始皇, 259 BC - 210 BC), the First Emperor of China, was the first political figure to complete the grand unification of China by annexing the six Warring States (六国). He was an outstanding statesman, strategist, and a reformer in ancient China. During his reign as the king of Qin, he completed the unification of ancient China in 221 BC, and founded the Qin Dynasty (秦朝, 221 BC-207 BC). He became the founding emperor of the Qin Dynasty.

Qin Shi Huang's real name was Ying Zheng (嬴政). He had so many other names, including Zhao Zheng (赵政), Zhao Zheng (赵正), Lu Zheng (吕政), and Zu Long (祖龙). He was the son of Ying Yiren (嬴异人, 281 BC - 247 BC), also known as Zi Chu (子楚). Ying Yiren, later a king of Qin, is also known as the King Zhuangxiang of Qin (秦庄襄王/子楚/秦庄王/嬴异人). The king Zhuangxiang reigned from 250 BC to 247 BC.

Yiren was the son of An Guojun (安国君/秦孝文王, 303 BC-250 BC), monarch of Qin State during the Warring States Period. He reigned from 251 BC to 250 BC. An Guojun had more than 20 sons. He didn't like Yiren/Zi Chu, hence Yiren was sent to Handan of Zhao State.

Ying Zheng's biological mother was Zhao Ji (赵姬, ?-228 BC). Zhao Ji, born in Handan, was the daughter of a wealthy family in the state of Zhao. Zhao Ji, a beautiful woman, was good at dancing (in Handan, Zhao State). She later married Lu Buwei (吕不韦, ?-235 BC), a merchant from the Wei State (卫国商人). One day, Zhao Ji performed a dance at a banquet at home, and was liked by the guest Zi Chu (who later became King Zhuangxiang of Qin). Zi Chu stood up and toasted Lu

Buwei, requesting that Zhao Ji be given to him. Because Lu Buwei was making "political investments" in Zi Chu at the time, Zhao Ji was finally given to the Zi Chu by Lu Buwei. Later, she gave birth to a son Zhao Zheng (Ying Zheng).

Ying Zheng was born in Handan (邯郸), the capital of Zhao State (赵国). Later, he returned to the Qin State (秦国). After Zhao Ji's husband, Qin Zhuangxiang, died in 247 BC, and her 13-year-old eldest son, Ying Zheng, took over the throne. Subsequently, Zhao Ji was revered as the Queen Mother (王太后).

Once Ying Zheng succeeded to the throne of Qin, one of the seven Warring States (七国/战国). He was called King Ying Zheng of Qin (秦王嬴政). However, long before becoming the king of Qin, Ying Zheng had begun to take charge of the political affairs, including getting rid of the powerful minister Lu Buwei.

Well, Zhao Ji was a romantic woman by nature. She was unwilling to be a widow when she was still very young. She took advantage of Ying Zheng's youth to rekindle her old relationship with Lu Buwei, and often secretly had affairs with Lu Buwei. After Ying Zheng, the king, grew up, Zhao Ji was still promiscuous. King Ying Zheng hated Lu Buwei. At the same time, Lu Buwei was afraid of being punished by the king who was famous for ruling with an iron first. Once Lu Buwei became convinced that he would be persecuted, and was afraid of being killed in the future, he drank the poison and committed suicide (235 BC).

Meanwhile, from 230 BC to 221 BC, King Ying Zheng successively defeated and annexed the six kingdoms of Han (韩), Zhao (赵), Wei (魏), Chu (楚), Yan (燕), and Qi (齐), completing the grand unification (大统

一) of ancient China. Thereupon, he founded a centralized, unified multi-ethnic country ruling empire (多民族国家): the Qin Dynasty (秦朝). He was the first Chinese monarch to be called the emperor. Overall, his time in office stretched from 247 BC to 210 BC, however, since unification in 221 BC, he was called emperor.

Why King Ying Zheng of Qin, after unification, called himself Qin Shi Huang is interesting. According to the Chinese legends, **Three Sovereigns** (三皇) refer to Suiren (燧人), Fuxi (伏羲), and Shennong (神农/炎帝). These three Sovereigns contributed to the discovery of drilling fire, to make fire, teaching people to eat cooked food, plant food crops, make tea, etc. The Three Sovereigns, who existed before 3077 BC, are worshipped by the Chinese people.

The legendary **Five Emperors** (五帝) are The Yellow Emperor (黄帝), Zhuanxu (颛顼), Emperor Ku (帝喾), Yao (尧), and Shun (舜). They existed between 2697 BC to 2037 BC. Taken together, the **Three Sovereigns and Five Emperors** (三皇五帝), the rulers of remote antiquity, refer to the ancient gods/sages. They have a very important role in Chinese mythology.

King Ying Zheng of Qin took 皇 from "三皇", and 帝 from "五帝" and called himself 秦始皇帝, meaning "The First Emperor of Qin". Since he established the Qin Dynasty, the grand empire, he was literally the "first" emperor. Hence, he chose the character 始, meaning "the start" of the ruling dynasty. Further, on that time, Qin was a unified state, hence, Qin, after unification, meant "China". That's why, the word "秦始皇帝" can also be interpreted as "The First Emperor of China". Also, he was the first monarch to use the title of "Emperor" (皇帝) in Chinese history, so he called himself "First Emperor" (始皇帝).

Qin Shi Huang established the basic pattern of China's political system that lasted for more than two thousand years. The Qin Dynasty implemented the concept of **San Gong Jiu Qing** (三公九卿), literally the Three Councilors of State and the Nine Ministers, in the central government to manage the national affairs. The enfeoffment system (分封制), the feudal system of landholding, was abolished and replaced by the system of prefectures and counties (郡县制).

Qin Shi Huang liked the ideas of Shang Yang (商鞅, 390 BC-338 BC), and ruled ruthlessly. He dealt firmly with the invading tribes, such as Xiongnu (匈奴) in the north, and Baiyue (百越) in the south. He built the thousands of miles long Great Wall (万里长城) to stop the tribal invasions. The Ling Canal (灵渠) was constructed, facilitating the communication and irrigation system between the Yangtze River and the Pearl River systems.

Unfortunately, Qin Shi Huang was obsessed with the idea of living forever. Hence, he kept seeking the elixir immortality (不老药). He also tyrannized and abused the people. He didn't like the Confucian philosophy and burned the Confucian books and philosophers alive (焚书坑儒). He stifled the wisdom of the people that shook the foundation of the Qin Dynasty's rule.

No wonder, due to opportunistic politics and abuse of power, the Qin Dynasty collapsed in 207 BC, not long after Qin Shi Huang had died in 210 BC.

LIFE EXPERIENCES (身世)

1	说起来	Shuō qǐlái	In fact; as a matter of fact
2	秦始皇	Qínshǐ huáng	Qin Shi Huang; First Emperor of Qin
3	无私	Wúsī	Selfless; disinterested; unselfish; self-forgetful
4	父爱	Fù ài	Paternal love; Fathers Love; fatherhood
5	母爱	Mǔ'ài	Mother love; maternal love
6	自私的人	Zìsī de rén	Selfish person
7	向来	Xiànglái	Always; all along
8	自己的	Zìjǐ de	Self
9	切身利益	Qièshēn lìyì	Interest directly affecting a person; immediate interest; vital interest
10	丝毫	Sīháo	The slightest amount or degree; a bit;
11	送到	Sòng dào	Send to; deliver to
12	人质	Rénzhì	Hostage
13	提心吊胆	Tíxīn diàodǎn	Be always on tenterhooks; be filled with anxiety; be haunted with fear; be in a blue funk
14	毕竟	Bìjìng	After all; all in all; when all is said and done; in the final analysis
15	敌国	Díguó	Enemy state; hostile country; hostile power
16	性命	Xìngmìng	Life
17	每当	Měi dāng	Whenever
18	开战	Kāizhàn	Make war; open hostilities
19	性命难保	Xìngmìng	One's life will be difficult to save;

		nánbǎo	can hardly keep oneself alive
20	死神	Sǐshén	Death
21	在当时	Zài dāngshí	At that time; in those days; at the time
22	自顾不暇	Zìgù bùxiá	Be busy enough with one's own affairs; can hardly look after oneself; have enough to do to look after oneself; have not even any leisure for oneself
23	受不了	Shòu bùliǎo	Be unable to endure; cannot stand (or endure)
24	他自己	Tā zìjǐ	Himself
25	逃走	Táozǒu	Run away; flee; take flight; take to one's heels
26	放荡不羁	Fàng dàng bùjī	Lead a fast life; have full swing; have one's fling
27	偷情	Tōuqíng	Carry on a clandestine love affair; have a love affair stealthily
28	指指点点	Zhǐ zhǐdiǎn diǎn	Gesticulating; to point
29	难堪	Nánkān	Intolerable; unbearable
30	生涯	Shēngyá	Career; profession
31	回到	Huí dào	Return to; go back to
32	当做	Dàngzuò	Treat as; regard as; look upon as
33	一回事	Yī huí shì	One and the same
34	儿子	Érzi	Son
35	不止	Bùzhǐ	More than; exceed; not limited to
36	无关紧要	Wúguān jǐnyào	Be of no great importance
37	长子	Zhǎngzǐ	Eldest son
38	王位	Wángwèi	Throne; crown

39	争夺	Zhēng duó	Fight for; to strive for; vie with somebody for something
40	必不可少	Bì bùkě shǎo	Indispensable; absolutely necessary; essential
41	处处	Chùchù	Everywhere; in all respects
42	从小	Cóngxiǎo	From childhood; since one was very young; as a child
43	善于	Shànyú	Be good at; be adept in
44	揣摩	Chuǎimó	Try to fathom; try to figure out
45	十三	Shísān	Thirteen; baker's dozen
46	万万	Wàn wàn	Absolutely; wholly
47	想到	Xiǎngdào	Think of; call to mind; have at heart
48	还好	Hái hǎo	Not bad; passable
49	不知道	Bù zhīdào	A stranger to; have no idea; I don't know; No
50	以为	Yǐwéi	Think; believe; consider

Chinese (中文)

说起来，秦始皇也是个可怜的人儿。都说父母的爱是最无私的，可他从来不懂得父爱和母爱是什么，因为他的父母都是很非常自私的人，做事向来只考虑自己的切身利益，丝毫不把他们这个儿子放在心上。

在他很小的时候，他和父母就被送到赵国当人质。他们在赵国过着提心吊胆的日子，毕竟身在敌国，性命被别人掌握着。每当两国开战的时候，他们就担心自己是否性命难保，每天都在和死神赛跑。

在当时，他的父母都自顾不暇了，更没精力管秦始皇了。后来他的父亲实在是受不了这种生活，于是趁乱逃跑了。但是只有他自己逃走了，没有带上秦始皇和母亲。自那以后，他的母亲也放弃了希望，每天过着放荡不羁的生活，甚至和各种人偷情，秦始皇受人指指点点，这让秦始皇感到很难堪。

尽管当秦始皇结束人质生涯回到秦国时，也没人把他当做一回事。他的父亲虽然也已经当上了秦王，但是也并没有重视他这个儿子，毕竟不止他一个儿子，对他来说都是无关紧要的。

但是作为长子，秦始皇具有优先继承王位的权力，王位的争夺是必不可少的，他内心也早早的明白这一点。于是他处处小心行事，秦始皇从小就特别善于观察人的表情，揣摩人的心理，是个很聪明的人。

在秦始皇十三岁的时候，当上了秦国少主，这是让他万万没有想到的。但尽管当上了少主，也没有几个人听他的话，还好有吕不韦帮衬他，不知道的还以为秦始皇是吕不韦的儿子呢。

Pinyin (拼音)

Shuō qǐlái, qínshǐhuáng yěshìgè kělián de rén er. Dōu shuō fùmǔ de ài shì zuì wúsī de, kě tā cónglái bu dǒngdé fù ài hé mǔ'ài shì shénme, yīnwèi tā de fùmǔ dōu shì hěn fēicháng zìsī de rén, zuòshì xiànglái zhǐ kǎolǜ zìjǐ de qièshēn lìyì, sīháo bù bǎ tāmen zhège érzi fàng zàixīn shàng.

Zài tā hěn xiǎo de shíhòu, tā hé fùmǔ jiù bèi sòng dào zhào guó dāng rénzhì. Tāmen zài zhào guóguòzhe tíxīndiàodǎn de rìzi, bìjìng shēn zài díguó, xìngmìng bèi biérén zhǎngwòzhe. Měi dāng liǎng guó kāizhàn de shíhòu, tāmen jiù dānxīn zìjǐ shìfǒu xìngmìng nánbǎo, měitiān dū zài hé sǐshén sàipǎo.

Zài dāngshí, tā de fùmǔ dōu zìgùbùxiále, gèng méi jīnglì guǎn qínshǐhuángle. Hòulái tā de fùqīn shízài shì shòu bùliǎo zhè zhǒng shēnghuó, yúshì chèn luàn táopǎole. Dànshì zhǐyǒu tā zìjǐ táozǒule, méiyǒu dài shàng qínshǐhuáng hé mǔqīn. Zì nà yǐhòu, tā de mǔqīn yě fàngqìle xīwàng, měitiānguòzhe fàngdàngbùjī de shēnghuó, shènzhì hé gè zhǒng rén tōuqíng, qínshǐhuáng shòu rén zhǐ zhǐdiǎn diǎn, zhè ràng qínshǐhuáng gǎndào hěn nánkān.

Jǐnguǎn dāng qínshǐhuáng jiéshù rén zhí shēngyá huí dào qínguóshí, yě méi rén bǎ tā dàngzuò yī huí shì. Tā de fùqīn suīrán yě yǐjīng dāng shàngle qínwáng, dànshì yě bìng méiyǒu zhòngshì tā zhège érzi, bìjìng bùzhǐ tā yīgè er zi, duì tā lái shuō dōu shì wúguān jǐnyào de.

Dànshì zuòwéi zhǎngzǐ, qínshǐhuáng jùyǒu yōuxiān jìchéng wángwèi de quánlì, wángwèi de zhēngduó shì bì bùkě shǎo de, tā nèixīn yě zǎozǎo de míngbái zhè yīdiǎn. Yúshì tā chùchù xiǎoxīn xíngshì, qínshǐhuáng cóngxiǎo jiù tèbié shànyú guānchá rén de biǎoqíng, chuǎimó rén de xīnlǐ, shì gè hěn cōngmíng de rén.

Zài qínshǐhuáng shísān suì de shíhòu, dāng shàngle qín guó shào zhǔ, zhè shì ràng tā wàn wàn méiyǒu xiǎngdào de. Dàn jǐnguǎn dāng shàngle shǎo zhǔ, yě méiyǒu jǐ gèrén tīng tā dehuà, hái hǎo yǒu lǚbùwéi bāngchèn tā, bù zhīdào de hái yǐwéi qínshǐhuáng shì lǚbùwéi de érzi ní.

MERITS AND ACHIEVEMENTS (功绩)

1	接着	Jiēzhe	Catch
2	再来	Zàilái	Come again; encore; request/order a repetition
3	功绩	Gōngjī	Merits and achievements; contribution; feats
4	尽管	Jǐnguǎn	Despite; not hesitate to
5	很多	Hěnduō	A lot of; a great many of; a good many of
6	他的	Tā de	His; him
7	真实	Zhēnshí	True; real; authentic
8	存在	Cúnzài	Exist; be; being, existence
9	第一个	Dì yī gè	First; the first; the first one
10	兼并	Jiānbìng	Merger; annex
11	六国	Liù guó	The Six Kingdoms annexed by Qin
12	秦朝	Qín cháo	Qin Dynasty (221 BC-206 BC)
13	战国	Zhànguó	Warring states
14	割据	Gējù	Set up a separatist regime by force of arms
15	战乱	Zhànluàn	Chaos caused by war
16	心愿	Xīnyuàn	Cherished desire; aspiration
17	政治上	Zhèngzhì shàng	Political; in politics
18	实行	Shíxíng	Put into practice; carry out; practice; implement
19	三公九卿	Sāngōng jiǔ qīng	The Three Councilors of State and the Nine Ministers; three councilors and nine ministers
20	皇帝	Huángdì	Emperor

21	过度	Guòdù	Excessive; over; undue
22	集权	Jíquán	Centralization of state power; concentration of power
23	今后	Jīnhòu	From now on; in the days to come; henceforth; hereafter
24	奠定	Diàndìng	Establish; settle; make firm or stable
25	郡县制	Jùn xiàn zhì	The system of prefectures and counties
26	废弃	Fèiqì	Discard; abandon; cast aside; scrap
27	分封制	Fēnfēng zhì	The system of enfeoffment; enfeoffment system; feudal system of land-holding
28	避免	Bìmiǎn	Avoid; refrain from; avert; prevent something happening
29	争霸	Zhēngbà	Contend for hegemony; scramble for supremacy; seek hegemony; strive for hegemony
30	沿用	Yányòng	Continue to use
31	很久	Hěnjiǔ	For ages; a long time ago
32	统一	Tǒngyī	Unify; unite; integrate; unified
33	文字	Wénzì	Characters; script; writing; written language
34	货币	Huòbì	Money; currency
35	度量衡	Dùliàng héng	Length, capacity and weight; weights and measures
36	有利于	Yǒu lìyú	Be instrumental in; profit; to the prejudice of
37	各地	Gèdì	Various places/localities
38	交流	Jiāoliú	Exchange; interchange; AC
39	利于	Lìyú	Be good for; be beneficial to

40	维护和平	Wéihù hépíng	Peace keeping; maintaining peace;
41	防御	Fángyù	Defense
42	外来	Wàilái	Outside; external; foreign
43	势力	Shìlì	Force; power; influence
44	侵略	Qīnlüè	Invade; aggress; aggression; invasion
45	秦始皇	Qínshǐ huáng	Qin Shi Huang; First Emperor of Qin
46	修筑	Xiūzhù	Build; construct; put up
47	长城	Chángchéng	The Great Wall
48	抵抗	Dǐkàng	Resist; stand up to; oppose; resistance
49	匈奴	Xiōngnú	Xiongnu (an ancient nationality in China)
50	安定	Āndìng	Stable; quiet; settled; stabilize
51	除此之外	Chú cǐ zhī wài	Besides; in addition
52	水利工程	Shuǐlì gōngchéng	Irrigation works; water conservancy project
53	水路	Shuǐlù	Waterway; water route
54	交通要道	Jiāotōng yào dào	Bottleneck; vital communication line
55	灌溉	Guàngài	Irrigate; irrigation; watering
56	滋养	Zīyǎng	Nourish; nutriment; nourishment

Chinese (中文)

接着我们再来说一说秦始皇的功绩，尽管秦始皇做了很多错事，但他的功绩也是真实存在的。

首先第一个不得不说的功绩就是秦始皇兼并了其它六国建立秦朝，结束了战国时期长期割据战乱的局面，建立了大一统国家，并且实现了短暂的和平，这符合当时人们向往和平的心愿。

秦朝统一后，秦始皇还做出了很大的改变。在政治上实行三公九卿制，能够十分有效的治理国家，既避免了皇帝的过度集权，也为今后的国家治理奠定了基础。同时秦始皇还采用了李斯的建议，在全国上下实行郡县制，废弃了之前的分封制，避免诸侯国争霸的现象，这个制度沿用了很久。

秦始皇还统一了文字，货币和度量衡，实现了文化领域和社会领域的统一，有利于各地之间的交流，有利于维护和平与发展。

为防御外来势力的侵略，秦始皇命人修筑了长城，有效的抵抗了匈奴的入侵，维护了一方和平与安定。

除此之外，秦始皇还修筑了各种交通工程和水利工程。拿灵渠来说吧，灵渠本来是为了军事目的而开发的，后来慢慢成为了水路交通要道，灌溉一方的土地，滋养一方的百姓，极大的便利了人们的生活。

Pinyin (拼音)

Jiēzhe wǒmen zàilái shuō yī shuō qínshǐhuáng de gōngjī, jǐnguǎn qínshǐhuáng zuòle hěnduō cuò shì, dàn tā de gōngjī yěshì zhēnshí cúnzài de.

Shǒuxiān dì yī gè bùdé bù shuō de gōngjī jiùshì qínshǐhuáng jiānbìngle qítā liù guó jiànlì qín cháo, jiéshùle zhànguó shíqí chángqí gējù zhànluàn de júmiàn, jiànlìle dà yītǒng guójiā, bìngqiě shíxiànle duǎnzàn de hépíng, zhè fúhé dāngshí rénmen xiàngwǎng hépíng de xīnyuàn.

Qín cháo tǒngyī hòu, qínshǐhuáng hái zuò chūle hěn dà de gǎibiàn. Zài zhèngzhì shàng shíxíng sāngōng jiǔ qīng zhì, nénggòu shífēn yǒuxiào de zhìlǐ guójiā, jì bìmiǎnle huángdì de guòdù jíquán, yě wéi jīnhòu de guójiā zhìlǐ diàndìngle jīchǔ. Tóngshí qínshǐhuáng hái cǎiyòngle lǐsī de jiànyì, zài quánguó shàngxià shíxíng jùn xiàn zhì, fèi qì liǎo zhīqián de fēnfēng zhì, bìmiǎn zhūhóu guó zhēngbà de xiànxiàng, zhège zhìdù yányòngle hěnjiǔ.

Qínshǐhuáng hái tǒngyīliǎo wénzì, huòbì hé dùliànghéng, shíxiànle wénhuà lǐngyù hé shèhuì lǐngyù de tǒngyī, yǒu lìyú gèdì zhī jiān de jiāoliú, yǒu lìyú wéihù hépíng yǔ fāzhǎn.

Wèi fángyù wàilái shìlì de qīnlüè, qínshǐhuáng mìng rén xiūzhùle chángchéng, yǒuxiào de dǐkàngle xiōngnú de rùqīn, wéihùle yīfāng hépíng yǔ āndìng.

Chú cǐ zhī wài, qínshǐhuáng hái xiūzhùle gè zhǒng jiāotōng gōngchéng hé shuǐlì gōngchéng. Ná líng qú lái shuō ba, líng qú běnlái shì wèile jūnshì mùdì ér kāifā de, hòulái màn man chéngwéile shuǐlù jiāotōng yào dào, guàngài yīfāng de tǔdì, zīyǎng yīfāng de bǎixìng, jí dà de biànlìle rénmen de shēnghuó.

TYRANNICAL RULE (暴政)

1	看待	Kàndài	Look upon; regard; treat
2	秦始皇	Qínshǐ huáng	Qin Shi Huang
3	我们不能	Wǒmen bùnéng	We cannot; Not we; We are unable to
4	看到	Kàn dào	See; catch sight of
5	他的	Tā de	His; him
6	功绩	Gōngjī	Merits and achievements; contribution; feats
7	应该	Yīnggāi	Should; ought to; must
8	不足	Bùzú	Not enough; insufficient; deficiency; shortage
9	错误	Cuòwù	Wrong; mistaken; incorrect; erroneous
10	暴政	Bào zhèng	Tyranny; despotic rule; tyrannical rule
11	修建	Xiūjiàn	Build; construct; animate; erect
12	六国	Liù guó	The Six Kingdoms annexed by Qin
13	宫殿	Gōng diàn	Palace
14	气势	Qìshì	Momentum; imposing manner
15	据说	Jùshuō	It is said; they say; allegedly
16	庞大	Pángdà	Huge; enormous; colossal; massive
17	耗费	Hàofèi	Consume; expend; cost
18	人力物力	Rénlì wùlì	Manpower and material resources
19	财力	Cáilì	Financial resources;
20	享福	Xiǎngfú	Enjoy a happy life; live in ease

			and comfort
21	受苦	Shòukǔ	Suffer; have a rough time
22	百姓	Bǎixìng	Common people; people
23	奢侈	Shēchǐ	Luxurious; extravagant; wasteful
24	楼阁	Lóugé	Tower
25	享乐	Xiǎnglè	Lead a life of pleasure; indulge in creature comforts
26	放纵	Fàngzòng	Let somebody have his own way; connive at
27	非但	Fēidàn	Not only
28	钱财	Qiáncái	Wealth; money
29	刀刃	Dāorèn	The edge of a knife; cutter edge; knife edge; tool edge
30	玩乐	Wánlè	Have fun; entertain (or amuse) oneself; make fun
31	劳民伤财	Láomín shāngcái	Harass the people and waste money; spend blood and treasure
32	老百姓	Lǎobǎixìng	Folk; common people; ordinary people; civilians
33	变相	Biànxiàng	In disguised form; covert; phasing
34	压榨	Yāzhà	Press; squeeze; expression
35	焚书坑儒	Fén shū kēng rú	Torture Confucian scholars; burn Confucian books and bury the Confucian literati in pits; burn books and bury Confucian scholars alive
36	动静	Dòngjìng	The sound of something astir
37	可以说	Kěyǐ shuō	It is not too much to say; it is too much to say; so to speak
38	毁灭性	Huǐmiè xìng	Devastating

39	轻易	Qīngyì	Easily; readily
40	听信	Tīngxìn	Wait for information
41	烧毁	Shāohuǐ	Burn down; burn up; consumption; burnout
42	书籍	Shūjí	Books; works; literature
43	不仅如此	Bùjǐn rúcǐ	Not only that; nor is this all; nay; Not only that; More Than That
44	赋税	Fùshuì	Taxes
45	再加上	Zài jiā shàng	Add; plus; and; more
46	不注意	Bù zhùyì	Inattention
47	意味着	Yìwèizhe	Signify; mean; imply; purport
48	惨痛	Cǎntòng	Deeply grieved; painful; agonizing; bitter
49	水深火热	Shuǐshēn huǒrè	The water is deep and the fire is hot

Chinese (中文)

看待秦始皇，我们不能只看到他的功绩，也应该看到他的不足与错误之处，秦始皇的暴政也是出了名的。

首先一个就是修建阿房宫，秦始皇统一六国后，觉得之前的宫殿太小，难以彰显他的气势和权威，于是决定新修一座新的宫殿，据说这座宫殿相当庞大，耗费了巨大的人力物力财力，如此巨大的工程，享福的是秦始皇，受苦的却是百姓，而且这也反映了秦始皇的奢侈与浪费。

除了阿房宫，秦始皇还修建了其他的楼阁宫殿，为的就是享乐，满足他骄奢放纵的生活。作为最高统治者，秦始皇非但没有把钱财用在刀刃上，反而新建这些用于玩乐的场所，劳民伤财。对老百姓的生活没有丝毫的改善，反而变相的剥削压榨免费劳动力，人们的生活变得更加的艰难。

再一个就是秦始皇的焚书坑儒，这件事也是闹出了很大的动静。可以说，这是文化领域的一次毁灭性的打击。由于秦始皇轻易的听信他人的话语，禁止私学，烧毁书籍，破坏文化的发展。

不仅如此，秦始皇还向百姓征收沉重的徭役和赋税，使得老百姓的生活更加难过，再加上一些残酷的刑法，稍微不注意就触犯了刑法，那意味着惨痛的处罚，老百姓生活在水深火热之中。

Pinyin (拼音)

Kàndài qínshǐhuáng, wǒmen bùnéng zhǐ kàn dào tā de gōngjī, yě yīnggāi kàn dào tā de bùzú yǔ cuòwù zhī chù, qínshǐhuáng de bàozhèng yěshì chūle míng de.

Shǒuxiān yīgè jiùshì xiūjiàn āfáng gōng, qínshǐhuáng tǒng yīliù guó hòu, juédé zhīqián de gōngdiàn tài xiǎo, nányǐ zhāngxiǎn tā de qìshì hé quánwēi, yúshì juédìng xīn xiū yīzuò xīn de gōngdiàn, jùshuō zhè zuò gōngdiàn xiāngdāng pángdà, hàofèile jùdà de rénlì wùlì cáilì, rúcǐ jùdà de gōngchéng, xiǎngfú de shì qínshǐhuáng, shòukǔ de què shì bǎixìng, érqiě zhè yě fǎnyìngle qínshǐhuáng de shēchǐ yǔ làngfèi.

Chúle āfáng gōng, qínshǐhuáng hái xiūjiànle qítā de lóugé gōngdiàn, wèi de jiùshì xiǎnglè, mǎnzú tā jiāo shē fàngzòng de shēnghuó. Zuòwéi zuìgāo tǒngzhì zhě, qínshǐhuáng fēidàn méiyǒu bǎ qiáncái yòng zài dāorèn shàng, fǎn'ér xīnjiàn zhèxiē yòng yú wánlè de chǎngsuǒ, láomínshāngcái. Duì lǎobǎixìng de shēnghuó méiyǒu sīháo de gǎishàn, fǎn'ér biànxiàng de bōxuè yāzhà miǎnfèi láodònglì, rénmen de shēnghuó biàn dé gèngjiā de jiānnán.

Zài yīgè jiùshì qínshǐhuáng de fén shū kēng rú, zhè jiàn shì yěshì nào chūle hěn dà de dòngjìng. Kěyǐ shuō, zhè shì wénhuà lǐngyù de yīcì huǐmiè xìng de dǎjí. Yóuyú qínshǐhuáng qīngyì de tīngxìn tārén de huàyǔ, jìnzhǐ sīxué, shāohuǐ shūjí, pòhuài wénhuà de fā zhǎn.

Bùjǐn rúcǐ, qínshǐhuáng hái xiàng bǎixìng zhēngshōu chénzhòng de yáoyì hé fùshuì, shǐdé lǎobǎixìng de shēnghuó gèngjiā nánguò, zài jiā shàng yīxiē cánkù de xíngfǎ, shāowéi bù zhùyì jiù chùfànle xíngfǎ, nà yìwèizhe cǎntòng de chǔfá, lǎobǎixìng shēnghuó zài shuǐshēnhuǒrè zhī zhōng.

THE TERRACOTTA ARMY (兵马俑)

1	不知道	Bù zhīdào	Have no idea; I don't know
2	西安	Xī'ān	Xi'an
3	兵马俑	Bīngmǎ yǒng	The Terracotta Army (Warriors/Soldiers); Terracotta Warriors
4	气势磅礴	Qìshì páng bó	Of great momentum; grand and magnificent; great and momentous; with a tremendous momentum
5	个个	Gè gè	Each and every one; all
6	不一样	Bù yīyàng	Different; unlike; Not the same
7	真人	Zhēnrén	Immortal
8	仿佛	Fǎngfú	Seem; as if; be more or less the same; be alike
9	栩栩如生	Xǔxǔ rúshēng	True to life; As natural as though it were living!; as vivid as life; be almost lifelike in appearance
10	面貌	Miànmào	Face; features; looks; lineament
11	秦始皇陵	Qínshǐ huáng líng	Mausoleum of Qin Shi Huang; Qinshihuang Mausoleum
12	远处	Yuǎn chù	Distance
13	出来	Chūlái	Come out; emerge
14	所以	Suǒyǐ	So; therefore; as a result
15	不能	Bùnéng	Cannot; must not; should not; unable
16	秦始皇	Qínshǐ huáng	Qin Shi Huang
17	巨大	Jùdà	Huge; tremendous; enormous; gigantic
18	关联	Guānlián	Relevance; be related; correlation;

			relevancy
19	修建	Xiūjiàn	Build; construct; animate; erect
20	陵墓	Língmù	Mausoleum; tomb
21	居然	Jūrán	Unexpectedly; to one's surprise
22	殉葬	Xùnzàng	Be buried alive with the dead
23	劳苦功高	Láokǔ gōnggāo	Work for one's country; work hard and perform valuable service; to work for the nation with great merits
24	活人	Huó rén	A living person; a person who is still alive
25	没什么	Méi shénme	It doesn't matter; it's nothing; that's all right; never mind
26	大不了	Dàbùliǎo	At the worst; if the worst comes to the worst
27	知道了	Zhīdàole	Got it; roger; I see
28	这么多	Zhème duō	So many; so much; thus much
29	必定	Bìdìng	Be bound to; be sure to; certainly; undoubtedly
30	老百姓	Lǎobǎi xìng	Folk; common people; ordinary people; civilians
31	抗议	Kàngyì	Protest; object; remonstrate
32	统治	Tǒngzhì	Rule; dominate; control; govern
33	提议	Tíyì	Propose; suggest; move
34	陶制	Táo zhì	Ceramic; porcelain earthen
35	有好处	Yǒu hǎochù	It pays; useful
36	想想	Xiǎng xiǎng	Think; take under consideration; cogitate; fancy
37	有道理	Yǒu dàolǐ	Be reasonable; plausible; convincing
38	采纳	Cǎinà	Accept; adopt; take
39	烧制	Shāo zhì	Burning; fire

40	现实生活	Xiànshí shēnghuó	Real life, actual life
41	器物	Qìwù	Implements; utensils
42	工匠	Gōng jiàng	Craftsman; artisan
43	难住了	Nán zhùle	Catch out
44	不管	Bùguǎn	No matter; despite; however; disregard
45	反正	Fǎnzhèng	Come over from the enemy's side; anyway; anyhow; all the same; in any case
46	完成任务	Wánchéng rènwù	Accomplish a task; fulfill a task; complete one's mission; fulfill somebody's mission
47	处罚	Chǔfá	Punish; penalize
48	丧命	Sàngmìng	Meet one's death; get killed; lose one's life
49	好在	Hǎo zài	Fortunately; luckily
50	琢磨	Zhuómó	Turn something over in one's mind; ponder; carve and polish; improve; polish; refine
51	奥妙	Àomiào	Profound; secret; subtle; what's behind it
52	排列	Páiliè	Arrange; rank; place; range
53	队列	Duìliè	Queue; formation
54	样子	Yàngzi	Appearance; shape
55	制成	Zhì chéng	Be made from
56	大多	Dàduō	For the most part; mostly
57	仿照	Fǎngzhào	Imitate; follow; copy
58	当时	Dāngshí	Then; at that time; just at that moment; right away; at once; immediately

59	军队	Jūnduì	Armed forces; army; troops; host
60	看到	Kàn dào	See; catch sight of
61	风貌	Fēngmào	Style and features
62	被称为	Bèi chēng wèi	Known as; be known as; be called

Chinese (中文)

不知道你们是否去西安看过兵马俑，那叫一个阵仗巨大，气势磅礴。那一个个人物各有各的姿态，表情动作都不一样，而且与真人一般大小，仿佛栩栩如生，向我们展示了当时的时代面貌。

兵马俑是在秦始皇陵的不远处挖出来的，所以我们也不能猜到兵马俑和秦始皇有着巨大的关联。

据说秦始皇统一中国后，就已经着手修建他的陵墓了。原本秦始皇居然想用真人殉葬，因为他觉得自己劳苦功高，用活人殉葬也没什么大不了的。李斯知道了后，感到非常吃惊。当时秦始皇才刚刚统一中国，如果要用这么多活人殉葬，必定会引起老百姓的反对与抗议，这对秦始皇的统治极为不利。

于是李斯提议，不如用陶制代替活人，这样人们更容易接受，而且对统治也有好处。秦始皇想想确实有道理，于是采纳了李斯的建议，并且要求烧制出来的大小要与现实生活中的一致。

但是之前谁也没烧制过如此的器物，这可把工匠们难住了，哪怕失败了很多次也没能烧制成功，但是秦始皇不管你烧不烧的出来，反正没按要求完成任务便要受处罚，因此有很多工匠丧命。

好在最后工匠琢磨出来了其中的奥妙，于是开始大规模的烧制，并且按照要求，排列成队列的样子，所有的人物都是按照当时秦军的标准制成的，还有车马，这便是我们如今所看到的兵马俑。

兵马俑大多是仿照当时秦朝的军队，通过兵马俑我们可以看到秦国军队的风貌，兵马俑也被称为世界第八大奇迹。

Pinyin (拼音)

Bù zhīdào nǐmen shìfǒu qù xī'ān kànguò bīngmǎyǒng, nà jiào yīgè zhèn zhàng jùdà, qìshì páng bó. Nà yīgè gè rénwù gè yǒu gè de zītài, biǎoqíng dòngzuò dōu bù yīyàng, érqiě yǔ zhēnrén yībān dàxiǎo, fǎngfú xǔxǔrúshēng, xiàng wǒmen zhǎn shì liǎo dàng shí de shídài miànmào.

Bīngmǎyǒng shì zài qínshǐhuáng líng de bù yuǎn chù wā chūlái de, suǒyǐ wǒmen yě bùnéng cāi dào bīngmǎyǒng hé qínshǐhuáng yǒuzhe jùdà de guānlián.

Jùshuō qínshǐhuáng tǒngyī zhōngguó hòu, jiù yǐjīng zhuóshǒu xiūjiàn tā de língmùle. Yuánběn qínshǐhuáng jūrán xiǎng yòng zhēnrén xùnzàng, yīnwèi tā juédé zìjǐ láokǔgōnggāo, yòng huó rén xùnzàng yě méishénme dàbùliǎo de. Lǐsī zhīdàole hòu, gǎndào fēicháng chījīng. Dāngshí qínshǐhuáng cái gānggāng tǒngyī zhōngguó, rúguǒ yào yòng zhème duō huó rén xùnzàng, bìdìng huì yǐnqǐ lǎobǎixìng de fǎnduì yǔ kàngyì, zhè duì qínshǐhuáng de tǒngzhì jíwéi bùlì.

Yúshì lǐsī tíyì, bùrú yòng táo zhì dàitì huó rén, zhèyàng rénmen gèng róngyì jiēshòu, érqiě duì tǒngzhì yěyǒu hǎochù. Qínshǐhuáng xiǎng xiǎng quèshí yǒu dàolǐ, yúshì cǎinàle lǐsī de jiànyì, bìngqiě yāoqiú shāo zhì chūlái de dàxiǎo yào yǔ xiànshí shēnghuó zhōng de yīzhì.

Dànshì zhīqián shéi yě méi shāo zhìguò rúcǐ de qìwù, zhè kě bǎ gōngjiàngmen nán zhùle, nǎpà shībàile hěnduō cì yě méi néng shāo zhì chénggōng, dànshì qínshǐhuáng bùguǎn nǐ shāo bù shāo de chūlái, fǎnzhèng méi àn yāoqiú wánchéng rènwù biàn yào shòu chǔfá, yīncǐ yǒu hěnduō gōngjiàng sàngmìng.

Hǎo zài zuìhòu gōngjiàng zhuómó chūláile qízhōng de àomiào, yúshì kāishǐ dà guīmó de shāo zhì, bìngqiě ànzhào yāoqiú, páiliè chéng duìliè de yàngzi, suǒyǒu de rénwù dōu shì ànzhào dāngshí qín jūn de biāozhǔn zhì chéng de, hái yǒu chē mǎ, zhè biàn shì wǒmen rújīn suǒ kàn dào de bīngmǎyǒng.

Bīngmǎyǒng dàduō shì fǎngzhào dāngshí qín cháo de jūnduì, tōngguò bīngmǎyǒng wǒmen kěyǐ kàn dào qín guó jūnduì de fēngmào, bīngmǎyǒng yě bèi chēng wèi shìjiè dì bā dà qíjī.

ELIXIR OF LIFE (求不老药)

1	永远	Yǒng yuǎn	Always; forever; ever; in perpetuity
2	想象	Xiǎng xiàng	Imagination; imagine; think; visualize
3	为了	Wèile	For; for the sake of; in order to
4	长生不老	Cháng shēng bùlǎo	Ever-young; be alive for evermore; enjoy a long, long life without old age; live forever and never get old
5	付出	Fùchū	Pay; expend
6	多少	Duōshǎo	Number; amount; how many; how much
7	心血	Xīnxuè	Painstaking care; painstaking effort
8	一统	Yītǒng	Unify; unite; integrate; unitary
9	尊贵	Zūnguì	Honorable; respectable; respected
10	想尽办法	Xiǎng jǐn bànfǎ	Go out of one's way; leave no stone unturned; leave nothing untried
11	长生不老	Cháng shēng bùlǎo	Ever-young; be alive for evermore; enjoy a long, long life without old age; live forever and never get old
12	长生	Cháng shēng	Long life; longevity
13	来之不易	Lái zhī bùyì	Be not easily won; be hard won; be not easily come by; hard-earned
14	想像	Xiǎng xiàng	Imagine; fancy; visualize; conceive of
15	神仙	Shénxiān	Supernatural being; celestial being; immortal
16	天下	Tiānxià	China or the world; land under heaven

17	叫做	Jiàozuò	Be called; be known as
18	亲眼	Qīnyǎn	With one's own eyes; personally
19	仙山	Xiānshān	Mountain inhabited by immortals
20	仙人	Xiānrén	Celestial being; immortal
21	坚定	Jiāndìng	Firm; staunch; steadfast
22	里面	Lǐmiàn	Inside; interior; inward
23	秘密	Mìmì	Secret; clandestine; confidential
24	非常高兴	Fēicháng gāoxìng	Filled with joy
25	有望	Yǒuwàng	Hopeful
26	一大批	Yī dàpī	Host; rush
27	人马	Rénmǎ	Forces; troops
28	在海上	Zài hǎishàng	On the sea
29	找到	Zhǎodào	Find; seek out; hit
30	回去	Huíqù	Return; go back; be back; back
31	一定会	Yīdìng huì	In for
32	处死	Chǔsǐ	Put to death; execute
33	所以	Suǒyǐ	So; therefore; as a result
34	干脆	Gāncuì	Clear-cut; straightforward; not mince one's words
35	坐船	Zuò chuán	Take or go by a boat/ship
36	顺着	Shùnzhe	Along; with
37	河流	Héliú	Rivers; stream
38	虽然	Suīrán	Though; although
39	放弃	Fàngqì	Give up; abandon; renounce
40	寻找	Xúnzhǎo	Seek; look for; search; searching
41	之后	Zhīhòu	Later; after; afterwards
42	修仙	Xiūxiān	Try to make and then take pills of immortality and cultivate oneself to become an immortal

43	道士	Dàoshi	Taoist priest
44	寻求	Xúnqiú	Seek; explore; go in quest of; pursue
45	没有结果	Méiyǒu jiéguǒ	Give no result; have no effect
46	直到	Zhídào	Until
47	最后	Zuìhòu	Last; final; ultimate
48	去世	Qùshì	Die; pass away
49	如同	Rútóng	Like; similar to; as
50	王朝	Wángcháo	Imperial court; royal court
51	一般	Yībān	Same as; just like; sort; kind
52	灭亡	Miè wáng	Be destroyed; become extinct
53	幻想	Huàn xiǎng	Illusion; autistic thinking; fantasy; figment of one's imagination
54	不可能	Bù kěnéng	Impossible
55	与其	Yǔqí	Rather than; better than
56	执着	Zhízhuó	Persistent; rigid; punctilious; persevering
57	倒不如	Dào bùrú	It's better to; no better than
58	贪恋	Tānliàn	Be reluctant to leave; can't bear to part with; be unwilling to part with
59	不愿意	Bù yuànyì	Reluctant; not willing; unwilling
60		Yǒngyuǎn	

Chinese (中文)

你永远也想象不到，秦始皇为了求长生不老，付出了多少心血。

秦始皇在完成一统后，想要永远享受这份尊贵，便想尽办法寻找长生不老，寻求长生。毕竟如今的一切成就都来之不易，秦始皇也想像神仙一样长生不老，这样就能够一直统治天下了。

听一个叫做徐福的人说他亲眼看见过仙山和仙人，秦始皇便更加坚定了长生不老药的存在。听徐福说这仙山在渤海湾，里面就藏着长生不老的秘密，而这长生不老药便在仙人的手上。

秦始皇知道后非常高兴，以为长生有望了，便让徐福带着一大批人马前往寻找长生不老药。虽然徐福说亲眼看到了仙山，但是他们在海上飘了很久也没有看到所谓的仙山。他们没有找到长生不老药，如果回去的话，也一定会被处死的，所以他们干脆就没有回去，坐船顺着河流一路飘到了日本。

虽然徐福一去不归，但秦始皇也没有放弃寻找长生不老药。在这之后，他又找了其他修仙的道士寻求长生不老之法，但是都没有结果。

直到最后，秦始皇也没能找到长生不老药，便去世了。就如同他这王朝一般，也早早的便灭亡了。

谁都想长生不老，但那只是一个幻想罢了，是不可能实现的，人生老病死，这是无法改变的事实。与其说秦始皇是对长生不老的执着，倒不如说他贪恋财富地位，不愿意失去他所拥有的一切。

Pinyin (拼音)

Nǐ yǒngyuǎn yě xiǎngxiàng bù dào, qínshǐhuáng wèile qiú chángshēng bùlǎo, fùchūle duōshǎo xīnxuè.

Qínshǐhuáng zài wánchéng yītǒng hòu, xiǎng yào yǒngyuǎn xiǎngshòu zhè fèn zūnguì, biàn xiǎng jǐn bànfǎ xúnzhǎo chángshēng bùlǎo, xúnqiú chángshēng. Bìjìng rújīn de yīqiè chéngjiù dōu lái zhī bùyì, qínshǐhuáng yě xiǎngxiàng shénxiān yīyàng chángshēng bùlǎo, zhèyàng jiù nénggòu yīzhí tǒngzhì tiānxiàle.

Tīng yīgè jiàozuò xúfú de rén shuō tā qīnyǎn kànjiànguò xiānshān hé xiānrén, qínshǐhuáng biàn gèngjiā jiāndìngle chángshēng bùlǎo yào de cúnzài. Tīng xúfú shuō zhè xiānshān zài bóhǎi wān, lǐmiàn jiù cángzhe chángshēng bùlǎo de mìmì, ér zhè chángshēng bùlǎo yào biàn zài xiānrén de shǒu shàng.

Qínshǐhuáng zhīdào hòu fēicháng gāoxìng, yǐwéi chángshēng yǒuwàngle, biàn ràng xúfú dàizhe yī dàpī rénmǎ qiánwǎng xúnzhǎo chángshēng bùlǎo yào. Suīrán xúfú shuō qīnyǎn kàn dàole xiānshān, dànshì tāmen zài hǎishàng piāole hěnjiǔ yě méiyǒu kàn dào suǒwèi de xiānshān. Tāmen méiyǒu zhǎodào chángshēng bùlǎo yào, rúguǒ huíqù dehuà, yě yīdìng huì bèi chǔsǐ de, suǒyǐ tāmen gāncuì jiù méiyǒu huíqù, zuò chuán shùnzhe héliú yīlù piāo dàole rìběn.

Suīrán xúfú yī qù bù guī, dàn qínshǐhuáng yě méiyǒu fàngqì xúnzhǎo chángshēng bùlǎo yào. Zài zhè zhīhòu, tā yòu zhǎole qítā xiūxiān de dàoshi xúnqiú chángshēng bùlǎo zhī fǎ, dànshì dōu méiyǒu jiéguǒ.

Zhídào zuìhòu, qínshǐhuáng yě méi néng zhǎodào chángshēng bùlǎo yào, biàn qùshìle. Jiù rútóng tā zhè wáng zhāo yībān, yě zǎozǎo de biàn mièwángle.

Shéi dōu xiǎng chángshēng bùlǎo, dàn nà zhǐshì yīgè huànxiǎng bàle, shì bù kěnéng shíxiàn de, rén shēnglǎobìngsǐ, zhè shì wúfǎ gǎibiàn de shìshí. Yǔqí shuō qínshǐhuáng shì duì chángshēng bùlǎo de zhízhuó, dào bùrú shuō tā tānliàn cáifù dìwèi, bù yuànyì shīqù tāsuǒ yǒngyǒu de yīqiè.

REASON OF NO EMPRESS (不立后的缘故)

1	一生	Yīshēng	A lifetime; all one's life; throughout one's life
2	为什么	Wèishéme	Why; why is it that; how is it that
3	还是	Háishì	Still; nevertheless; all the same
4	他自己	Tā zìjǐ	Himself
5	出来	Chūlái	Come out; emerge
6	接下来	Jiē xiàlái	Then; accept; take
7	让我们	Ràng wǒmen	Let us; let's; last
8	一下	Yīxià	One time; once
9	母亲	Mǔqīn	Mother
10	影响很大	Yǐngxiǎng hěn dà	Have an effect on; enormous implications; impact
11	可能是	Kěnéng shì	May be; Might be; probable
12	根本原因	Gēnběn yuányīn	Basic reason; root cause
13	足够	Zúgòu	Enough; ample; sufficient
14	母爱	Mǔ'ài	Mother love; maternal love
15	在外面	Zài wàimiàn	Outside
16	私生子	Sīshēngzǐ	Illegitimate child; bastard
17	秦始皇	Qínshǐ huáng	Qin Shi Huang; First Emperor of Qin
18	阴影	Yīnyǐng	Shadow; shade; cloud; spot
19	创伤	Chuāng shāng	Wound; trauma
20	同母异父	Tóng mǔ yì fù	Born of the same mother, but a different father

21	弟弟	Dìdì	Younger brother; brother
22	怨恨	Yuànhèn	Have a grudge against somebody; hate
23	偏见	Piānjiàn	Prejudice; bias; preconception; partial opinion
24	迟迟	Chí chí	Slow; tardy
25	自大	Zì dà	Self-important; arrogant; conceited
26	尤其是	Yóuqí shì	In particular; the more so; to crown all
27	六国	Liù guó	The Six Kingdoms annexed by Qin
28	自以为是	Zìyǐ wéishì	Be opinionated; be self-righteous
29	世界上	Shìjiè shàng	On earth
30	配得上	Pèi dé shàng	Deserve
31	三皇五帝	Sānhuáng wǔdì	Three Emperors and Five Sovereigns; the Three Sovereigns and Five Emperors; rulers of remote antiquity; legendary emperors or sovereigns
32	不放在眼里	Bù fàng zài yǎn lǐ	Treat somebody anyway one pleases
33	别说	Bié shuō	Let alone
34	寻常	Xúncháng	Ordinary; usual; common
35	皇帝	Huángdì	Emperor
36	后宫	Hòugōng	Imperial harem or seraglio
37	佳丽	Jiālì	Good, beautiful
38	真心	Zhēnxīn	Wholehearted; heartfelt; sincere; true intention

39	当做	Dàngzuò	Treat as; regard as; look upon as
40	玩乐	Wánlè	Have fun; entertain (or amuse) oneself
41	政务	Zhèngwù	Government affairs; government administration
42	百废俱兴	Bǎi fèi jù xīng	Long awaited work, finally in progress; neglected tasks being undertaken
43	决断	Juéduàn	Make a decision; resolution; resolve; decisiveness
44	颁布	Bānbù	Promulgate; issue; publish; proclaim
45	法律法规	Fǎlǜ fǎguī	Laws and regulations; law
46	实行	Shíxíng	Put into practice; carry out; practice; implement
47	耗费	Hàofèi	Consume; expend; cost
48	精力	Jīnglì	Energy; vigor
49	没有时间	Méiyǒu shíjiān	Have no time; out of time; Lack of time
50	我自己	Wǒ zìjǐ	Myself
51	上任	Shàngrèn	Take up an official post; assume office
52	奢靡	Shēmí	Extravagant; wasteful
53	娇纵	Jiāozòng	Indulge; pamper; spoil
54	最后一个	Zuìhòu yīgè	Last; the last one; First
55	长生不老	Cháng shēng bùlǎo	Ever-young; be alive for evermore; enjoy a long, long life without old age; live forever and never get old
56	追求	Zhuīqiú	Seek; aspire; pursue; woo
57	皇后	Huánghòu	Empress

58	伴随	Bànsuí	Accompany; follow; be in the wake of
59	一同	Yītóng	Together with; in the company of; together; at the same time and place
60	陪伴	Péibàn	Accompany; keep somebody company
61	老太婆	Lǎotàipó	Old woman
62	当然	Dāngrán	As it should be; only natural; without doubt

Chinese (中文)

秦始皇的一生都没有立后，这是为什么呢？而且立后制还是他自己提出来的，接下来让我们深度剖析一下。

首先，秦始皇的母亲对他的影响很大，这可能是他不立后的根本原因。他的母亲既没有给过他足够的母爱，而且还行为不检点，在外面还有私生子。这可能是秦始皇一生的阴影，给他造成了巨大的心理创伤，而且这种创伤是难以修复的，后来秦始皇也把他同母异父的弟弟都杀了。秦始皇对母亲的怨恨逐渐发展成了对女性的偏见。这种对女性的偏见，让他迟迟没有立后。

还有就是秦始皇的性格原因，他十分自大，尤其是在他统一六国后，自以为是这世界上最尊贵的人，自然是没有谁能配得上他。连三皇五帝他都不放在眼里，更别说寻常女子了。虽然说皇帝有后宫佳丽三千，但是秦始皇并没有真心的对待她们，而只是当做玩乐的工具而已。

再一个我们认为可能是秦始皇勤于政务，秦始皇统一六国后，百废俱兴。有许多事情都需要他亲自决断和处理。而且他又颁布了许多新的法律法规，这一切的实行和管理都十分耗费精力，所以秦始皇没有时间立后。当然，我自己觉得这种可能性是比较小的，因为秦始皇上任后十分奢靡娇纵，如果他想立后早就立了。

最后一个我们可能认为是秦始皇对长生不老的追求。因为秦始皇一直都想着长生不老，所以他也没有想过立后。如果皇后不能伴随他一同长生不老，那他岂不是要陪伴一个老太婆？所以他当然就不想立后了。

Pinyin (拼音)

Qínshǐhuáng de yīshēng dōu méiyǒu lì hòu, zhè shì wèishéme ne? Érqiě lì hòu zhì háishì tā zìjǐ tí chūlái de, jiē xiàlái ràng wǒmen shēndù pōuxī yīxià.

Shǒuxiān, qínshǐhuáng de mǔqīn duì tā de yǐngxiǎng hěn dà, zhè kěnéng shì tā bù lì hòu de gēnběn yuányīn. Tā de mǔqīn jì méiyǒu gěiguò tā zúgòu de mǔ'ài, érqiě hái xíngwéi bù jiǎndiǎn, zài wàimiàn hái yǒu sīshēngzǐ. Zhè kěnéng shì qínshǐhuáng yīshēng de yīnyǐng, gěi tā zàochéngle jùdà de xīnlǐ chuāngshāng, érqiě zhè zhǒng chuāngshāng shì nányǐ xiūfù de, hòulái qínshǐhuáng yě bǎ tā tóng mǔ yì fù de dìdì dōu shāle. Qínshǐhuáng duì mǔqīn de yuànhèn zhújiàn fāzhǎn chéngle duì nǚxìng de piānjiàn. Zhè zhǒng duì nǚxìng de piānjiàn, ràng tā chí chí méiyǒu lì hòu.

Hái yǒu jiùshì qínshǐhuángdì xìnggé yuányīn, tā shí fèn zì dà, yóuqí shì zài tā tǒng yīliù guó hòu, zìyǐwéishì zhè shìjiè shàng zuì zūnguì de rén, zìrán shì méiyǒu shéi néng pèi dé shàng tā. Lián sānhuángwǔdì tā dōu bù fàng zài yǎn lǐ, gèng bié shuō xúncháng nǚzǐle. Suīrán shuō huáng dì yǒu hòugōng jiālì sānqiān, dànshì qínshǐhuáng bìng méiyǒu zhēnxīn de duìdài tāmen, ér zhǐshì dàngzuò wánlè de gōngjù éryǐ.

Zài yīgè wǒmen rènwéi kěnéng shì qínshǐhuáng qín yú zhèngwù, qínshǐhuáng tǒng yīliù guó hòu, bǎi fèi jù xīng. Yǒu xǔduō shìqíng dōu xūyào tā qīnzì juéduàn hé chǔlǐ. Érqiě tā yòu bānbùle xǔduō xīn de fǎlǜ fǎguī, zhè yīqiè de shíxíng hé guǎnlǐ dōu shífēn hàofèi jīnglì, suǒyǐ qínshǐhuáng méiyǒu shíjiān lì hòu. Dāngrán, wǒ zìjǐ juédé zhè zhǒng kěnéng xìng shì bǐjiào xiǎo de, yīn wéi qínshǐhuáng shàngrèn hòu shífēn shēmí jiāozòng, rúguǒ tā xiǎng lì hòu zǎo jiù lìle.

Zuìhòu yīgè wǒmen kěnéng rènwéi shì qínshǐhuáng duì chángshēng bùlǎo de zhuīqiú. Yīn wéi qínshǐhuáng yīzhí dōu xiǎngzhe chángshēng bùlǎo, suǒyǐ tā yě méiyǒu xiǎngguò lì hòu. Rúguǒ huánghòu bùnéng bànsuí tā yītóng chángshēng bùlǎo, nà tā qǐ bùshì yào péibàn yīgè lǎotàipó? Suǒyǐ tā dāngrán jiù bùxiǎng lì hòule.

www.QuoraChinese.com

www.ingramcontent.com/pod-product-compliance
Lightning Source LLC
LaVergne TN
LVHW062000070526
838199LV00060B/4212